AF705806

मैं घर लौटना नहीं चाहता

शशांक साहू

BookLeaf Publishing
India | USA | UK

Made with ❤ on the BookLeaf Publishing Platform
www.bookleafpub.in
www.bookleafpub.com

Dedication

माँ के लिए

Preface

कविता लिखने की कोशिश मैंने कभी नहीं की, ये हमेशा मुझमें से फूटी हैं। थककर मैं उस रास्ते पर चल देता हूँ और एक खुशबू दूर से आने लगती है। मैं खुशबू की तरफ आगे बढ़ता हूँ और तभी मैं अपने आपको बिलकुल अकेले पाता हूँ। बगल से साइकिल पर निकलती हुई कहानी, सड़क पर पड़ी कविता को केरिअर पर बैठा कर आगे भागने लगती है और सड़क के छोर पर जाकर गुम हो जाती है। मैं अपनी रफ़्तार तेज़ करता हूँ तभी मुझे कविता की गंध दूसरे रास्ते से आने लगती है। मैं ठिठक कर उस रास्ते पर चलने लगता हूँ और अंततः उसे पा लेता हूँ। वही कविता पहले की तरह ही घर के सामने लगे कनेर के पेड़ पर फूल बनकर लगी थी। मैं उसके पास आता हूँ पर मेरी आँखों से आंसू बहने लगते हैं और मैं तीसरे रास्ते चल देता हूँ।

Acknowledgements

जो भी मुझसे प्रेम करते हैं, उन सभी को धन्यवाद !

1. मेरा चलना पेड़ जैसा है

मेरे सारे सुख भविष्य के सुख हैं
कुछ सुख भूत के थे
मेरा वर्तमान सन्नाटों से घिरा है
वो सन्नाटे जो मुझे खाये जाते हैं
मैं चल नहीं पाता वर्तमान में
मेरा चलना पेड़ जैसा है
मेरे दरवाज़ों पर खटखटाहट है
और दरवाज़े के नीचे से मेरा भविष्य
मेरे वर्तमान में घुसने की कोशिश करता है
पास में एक नदी बहती है
मेरे भविष्य की तरह जो मेरे तक आते आते वर्तमान बन जाती है
पर मेरा सुख मेरे भविष्य से छनकर वर्तमान तक नहीं आ पाता
मेरे सारे सुख भविष्य के सुख हैं
वर्तमान के नहीं
और मेरा भविष्य चाहे जितनी कोशिश कर ले
मेरे वर्तमान तक सुख कभी नहीं ला सकता

2. नीम का पेड़

मैं जहाँ खड़ा हूँ वहाँ से सारा संसार दिखता है
मैं खड़ा हूँ एक पेड़ के ऊपर
अपनी नानी के घर के सामने हुए
नीम के पेड़ पर
और यहाँ से मुझे सारा संसार दिखता है
वो संसार जो छोटा होते होते सिमट गया
उस ऊँन के गोले में जिससे मेरी नानी ने
मेरा स्वेटर बुना था
मेरा संसार एक ऊँन का गोला है
जो धीमे धीमे खुलता है पर
फिर भी सिमटा ही रहता है
मेरा संसार जब खुला हुआ था
तब उसमें थे झूले, बकरियां, पार्क में खेलते उपद्रवी बच्चे
गिल्ली से आँख फूटने वाला डर
फुटबॉल को बड़ों का खेल समझने की समझ
उस संसार में सड़कें ईटों की बनी है
और रास्ते के अंत पर हमेशा एक
जानने वाला इंसान है
इस संसार की शामें मुझे पता लगती हैं
और दिन कुछ बड़े लगते हैं
इस संसार का कोई अंत नहीं है,
न इसकी कोई शुरुआत थी
ये हमेशा से था अनंत से, मुझे अपने में सिमटाए
मेरे नानी के घर के सामने का नीम का पेड़

आज भी हरा है
पर अब उसके सामने मेरी नानी का घर नहीं है

3. एक बँधी सोच

मैं अपने घर का दरवाज़ा बंद करके
बैठा रहता हूँ
मैं नहीं सोचता बहती नदी
जो मेरे जाने बिना बहती रहती है
मैं नहीं सोचता उन पत्थरों को
जो झेलते हैं थपेड़े दिन भर उस बहती नदी के
मैं नहीं सोचता उन घाटों को,
उन हवाओं को जो घाट पर बैठे
मेरी हथेलियों को छूती हैं
मैं नहीं सोचता पहाड़ों के सुन्दर पेड़
मैं नहीं सोचता मेरी सर के ऊपर से निकलती
चिड़िया
मैं नहीं सोचता अपना नाम
जो मैं उन्हें सोचता तो भूल जाता
मैं सोच लेता हूँ अपनी बालकनी से
दिखते कबूतर के बच्चे
मैं सोच लेता हूँ मेरी घर की छत पर फँसी पतंग
मैं सोचता हूँ दीवार से रिसता हुआ पानी
मैं सोचता हूँ मेरे कमरे में घुसी मक्खी के बारे में
मेरी सोच एक बँधी सोच है
मैं पहाड़ों में डूबता हुआ भी, अपने कमरे में कैद हूँ

4. मेरे मन की लकीर

मैं जो हूँ, मैं जो होना चाहता हूँ
उसमें बहुत दूरी है
एक लकीर है
मेरे मन पर खींची हुई
जिसका कोई छोर नहीं है
वो लकीर पैदा हुई
जब ब्रह्माण्ड पैदा हुआ
वो यात्रा बहुत लम्बी थी
जो मेरे मन पर हुई
और अब वो मेरे भविष्य में जाती है
मैं हूँ यहाँ पर या नहीं
ये लकीर चलती जायेगी
उस अनंत तक
मैं जो कभी हो पाऊँ
या नहीं
वो मैं चाहूँ
या नहीं
मैं जो हूँ
उसमें बहुत दूरी है
उस लकीर की तरह
जो मेरे मन से निकल गयी

5. पेड़ या मैं

बरसात हो रही है
उड़ती तितली के पंखों पर पड़ती
बारिश की बूँदें
बरसती
घास की कोमल चोटियों पर
जो बदल जाती हैं
हिम चोटियों में
बरसती
पेड़ पर पड़ती
पर पेड़ गीला न हो पाए
घनघोर बरसात
गीली होती उसकी पत्तियाँ
उसका तना
उसकी जड़ें भी शायद गीली होती हों
पर पेड़ कहाँ है
मैं कहाँ हूँ
उस बारिश में भीगता
मैं हूँ
या मैं नहीं हूँ

6. मेरे परिचित दुःख

मैं अपना दुःख लगातार दोहराता हूँ।
एक के बाद एक
हर नया दुःख पुराने दुःख का दोहराना है
हर सुख एक नया सुख है
दुःख मैं दोहराता हूँ वही पुराने
दुःख मेरे परिचित हैं
सुख सभी अपरिचित

7. मेरी छत एक बिंदु है

घर के दरवाज़े पर बैठा
मैं सोचता हूँ उस गिलहरी के बारे में
जो मेरे हाथ से मटर छीन लेती है
उस गिलहरी के छोटे छोटे हाथ जो पकड़ते हैं
मेरी उंगलियां
दांत जो पकड़ते हैं
मटर
वो छोटे पैर जिससे भागती है वो
मेरी बगल की दीवार पर
पैर रखकर
मेरे घर का दरवाज़ा बहुत मजबूत है
जिससे छन कर हवा नहीं आती
मेरे घर में हवा ऊपर के जिंगले से आती है
जिससे बारिश का पानी भी आता जाता है
मैं जब भी छत पर जाता
तो मुझे वो जिंगला नहीं दिखता
मैं भागता हूँ अपनी छत के एक कोने से दूसरे
पर मेरी छत का हर कोना एक ही है
मेरी छत एक बिंदु है
और मैं भी वही बिंदु हूँ
वो बिंदु जो देखता है आसमान के तारे
बिंदु आकार के
मैं आसमान नहीं देखता

मैं बिंदु और तारे बिंदु
तारे से देखो तो मैं तारा ही दिखता हूँ

8. मैं घर लौटना नहीं चाहता

मैं छू लेना चाहता हूँ
दुनिया के हर शख्स को
अपने फैलाव से
मैं हर शख्स के पास जाकर
उसका हाथ पकड़ना चाहता हूँ
और उसके हाथों की
झुर्रियां गिनना चाहता हूँ
मैं इस दुनिया के हर शख्स से
इस कदर माफी माँगना चाहता हूँ
कि वो परेशान होकर ही सही मुझे माफ़ कर दे
मैं हर एक सख्श के बगल में
दुनिया की सबसे ऊँची चोटी पर बैठना चाहता हूँ
मैं दुनिया के हर शख्स को
भरोसा दिलाना चाहता हूँ
मुझपर
मैं इस दुनिया के हर शख्स की आँखों में आँखें डालकर
बोलना चाहता हूँ कि मैं समझता हूँ
उसको,
उसकी त्रासदियाँ
मैं इस दुनिया के हर शख्स का
सबसे अच्छा दोस्त बनना चाहता हूँ
मैं इस दुनिया के हर शख्स के
पास रहना चाहता हूँ
और घर लौटना नहीं चाहता

9. मैं बहुत दूर निकल आया

मैं बहुत दूर निकल आया
चलते चलते कि अब
घर बहुत दूर लगता है
मेरे घर से चले आये थे
मेरे साथ
मेरे कुछ कपड़े
दराज का एक मोजा
जो तब से मेरे साथ है
जिसका एक साथी मेरे घर पर है
जैसे मेरा एक हिस्सा मेरे घर पर।
मैंने नहीं मांगी थी ये स्वतंत्रता
मैं चाहता था इस मोजे को
घर की उस दराज में वापस रखना
और पूरे जोड़ी को एक साथ पहनना
अपने घर से निकलते हुए
मैं रहना चाहता था अपने शहर में
मैं देखना चाहता था
अपने माँ और पिता को
दिन और रात
उनको बूढ़ा होते हुए
मैं अपने घर से इतना दूर आ गया हूँ
कि खुद का बूढ़ा होना
पता नहीं लगा

10. मेरे मन की टंकी

मेरे घर के पानी की टंकी
मेरे मन की टंकी है
मैं मोटर चालू करके चाय बना लेता हूँ
बैठ जाता हूँ कुर्सी पर
टेबल पर पाँव रखकर
मैं बैठ जाता हूँ मेरे
प्रिय लेखकों को पढ़ने
मेरे आंसू निकलते हैं
और टंकी भर जाती है
बंद कर देता हूँ मोटर को
रख देता हूँ चाय का कप नल के नीचे
और वापस बैठ जाता हूँ आकर
पानी की आवाज़ अब भी छत पर पड़ती है
मैं कल्पना की सिगेरट जलाता हूँ
और कल्पना में ही कश लेता जाता हूँ

11. मेरा होना या न होना

मेरे होने और न होने के बीच
एक समानता बनी हुई है
मेरी कब्र मेरे घर के ही पास है
और एक चिड़िया उस पर फूल रख जाती है
हवा झड़का देती है उस पर कुछ सूखे पत्ते
हो जाती है बारिश फिर आती है काई
पास में बनते हैं दीमकों के घर
बन जाते हैं उस पर मकान
खेलने लगते हैं छोटे बच्चे उस पर
बनाया जाता है उसपर एक हॉल
और डाली जाती है एक बड़ी सी टेबल
एक अखबार पड़ा रहता है उस पर
एक चाय
और कप के गोल निशान
मैं भी उस कब्र में दबा हूँ
जैसे कल दबा
वक्त यहीं हैं
नहीं है
वो वक्त था
ये नहीं है
इसकी जद्दोजहत है मेरे भीतर
पहले भी थी और अभी भी
और मैं अपने घर में बैठे अपने दिन गिन रहा हूँ

12. आज बहुत चैन से सोया

आँख बंद करते ही
सपने मंडराने लगते हैं आँखों पर
और मेरी साँस तेज़ हो जाती है
सपने में मैं एक हिरन हो जाता हूँ
और दौड़ता रहता हूँ सड़कों पर
अपने बनाये पुल पार करने के लिए
गाड़ियों के रुकने का इंतज़ार करता हूँ

मैं पुल पर खड़ा एक पैर आगे बढ़ाता हूँ
मैं बन जाता हूँ एक भालू, एक चींटी
और मेरे ऊपर से अनगिनत गाड़ियां निकल जाती हैं
मैं बन जाता हूँ एक सियार
एक पेड़ है पुल के उस पार
जो मेरी तरफ आने लगता है
और मैं उसकी तरफ जा नहीं सकता

तब बन जाता हूँ मैं एक मच्छर
जो हवाओं से करता है जद्दोजहत
और उठा देता है मुझको सुबह सुबह
मेरी पत्नी कहती है
कि तुम आज बहुत चैन से सोये

13. फर्क नहीं पड़ता

नदी के किनारे देखने को
किनारा नहीं होता
नदी होती है
जो बहती है बिना किसी रोकटोक के
और रोको तो उसको इससे फर्क नहीं पड़ता
जैसे मेरे पड़ोस के शुक्ला जी को फर्क नहीं पड़ता
किसी बात से
मेरे पड़ोस के शुक्ला जी जब नदीं किनारे बैठते होंगे
तो नदी से बातें कर लेते होंगे
पर अगर बात न भी हो
तो दोनों में से किसी को फर्क नहीं पड़ता होगा

14. मेरे पास समय नहीं है

जब चिड़िया को बंद करूँ मैं पिंजरे में
वो फड़फड़ाती है
एक शेर को एक जंगल में कैद कर देना
भी कैद लगती है
और मैं बैठा हूँ
एक छोटे कमरे में
मैं में फड़फड़ाता
और दुनिया को सोचता
खुद को सोचने के लिए
मेरे पास समय नहीं है

15. मैं चल रहा हूँ

मैं चल रहा हूँ नदी के गहरे पानी पर
अपने लम्बे लम्बे पैर लिए
मैं खींच रहा हूँ अपने को
आगे बढ़ता
धंसता हूँ तल पर
आगे बढ़ता
रुकता हुआ
एक बिजली चमकती हुई
काले आसमान में
मैं देखता हूँ खुद को
खुद को देखते हुए

16. कोई लगाव नहीं है

तार पर बैठी चिड़िया का
तार से कोई लगाव नहीं
नदी का उसकी सतह से भी
कोई लगाव नहीं है
कोई लगाव नहीं है
झरने का उस पत्थर से
लगाव नहीं
मेरा मुझसे
तुमसे हो सकता है
मेरा कुछ लगाव
स्वतंत्रता दुनिया में
सबको नहीं मिलती

17. मैं लगातार बोलता रहा हूँ

मैं लगातार बोलता रहा हूँ
खुद से,
खुद को कोसता रहा हूँ
जो मैं कभी कर न पाया
सोच न पाया
मैं बोलता रहा हूँ खुद से
खुद की नाकामयाबियां
खुद की खामोशियाँ
जहाँ बोलना था मुझे खुल के
मेरी सारी हारें, सारे अफ़सोस
मेरे नही हैं
लाता हूँ मैं कहीं से अपनी ज़िन्दगी में सजाने
मैं सच कहता हूँ खुद से
कि यही सोचता हूँ खुद से
यही बोलता भी हूँ खुद से

18. जो मैं जीता हूँ

मैं जब घर से निकलता हूँ
तब जो वो दरवाज़ा बंद करती है
मेरे लौट आने पर वो वो नही होती
मैं जो घर से निकलता हूँ
और लौट कर आता हूँ
दोनों अलग अलग होते हैं
मेरा जीवन जो मैं जीता हूँ
और जो मेरे साथ जिया जाता है
वो दोनों दो अलग - अलग जीवन हैं
मेरा जीवन मेरा है या जो मैं जीता हूँ वो
उस मछली का है
जिसे परसो मैंने अपने पुराने घर के बगल के खँडहर में
पानी से भरे डबरे में देखा था
वो थी वहां एक क्षण
और उसकी परछाई आकाश में पड़ रही थी
चिड़िया के जैसे

19. धरती पर पेड़

धरती पर पेड़
आकाशगंगा के तारों से ज़्यादा हैं
फिर भी मैं चाहता हूँ कि
एक एक पेड़ पर
एक कविता लिख दूँ

20. एक्सीडेंटल

मेरे ऑफिस के सामने पीपल का एक पेड़ है
जिसमें मेरे ऑफिस के नाम की तख्ती लटकी है
वो पीपल का पेड़ मेरे ऑफिस का कर्मचारी है
जिसको सरकार ने एक काम दे रखा है
पर वो पेड़ वेतन के योग्य नही माना जाता
पेड़ के काट जाने से ऑफिस ख़त्म नही होता

मेरे ऑफिस के सामने के पेड़ का अपना एक ऑफिस है
जिसमें पेड़ों के जन्म और मरण का ब्यौरा रखा जाता है
उसका ऑफिस आजकल ज़्यादा व्यस्त है
जंगलों के समतलीकरण का अभियान तेज़ है
आजकल कोई पेड़ अपनी मौत नही मरता
पेड़ की सारी मौतें आजकल एक्सीडेंटल हैं

21. रात बाहर निकला

रात बाहर निकला
ठिठुरता
धुंध के बीच से छनती रौशनी थी
किराए का फ्लैट चौथी मंज़िल पर है
और नीचे आते आते साँस ये सोचकर फूल जाती है
कि अभी ऊपर भी चढ़ना है
लेकिन आज मैं निकला नीचे
ऊपर के बारे में 'नही' सोचते हुए
मैंने ऊपर के बारे में नीचे आने के बाद सोचा
फिर नीचे से ऊपर अपने फ्लैट को देखा
वो वहां नहीं था
शायद मुझसे आराम पाकर
वो भी घुमक्कड़ी करने चला गया हो
मैं बैठ गया सड़क किनारे
एक छोटी बच्ची मेरे पास आयी
हँसी और भाग गयी अपनी माँ के चलने के पास
फिर आये कुछ बूढ़े
मेरे बगल में बैठने
आग जलाकर उसे सेकने
फिर आये घरों से निकाले गए साँप, कुछ चूहे और
कुछ बिल्लियां
सबसे आखिर तक वही बैठे रहे मेरे साथ
फिर वो भी उठ कर चले गए
रात दो बज चुके थे

देखा मैंने अपने फ्लैट की तरफ
वो भी घूम के आ चुका था
वहीँ वापस
मैंने फिर देखी सड़क
जो वहीँ थी पहले भी
मैं चल दिया फिर सड़क की तरफ

22. क्या मैं अपने पिंजरे से उड़ा

मेरे घर का दरवाज़ा खुला
और मेरा तोता
घर से निकलकर बाहर उड़ गया
मेरे घर का दरवाज़ा मेरे तोते के पिंजरे का दरवाज़ा था

मैं भी उड़ गया उसके पीछे
मैं उड़ कर बैठ गया एक पेड़ पर
और मेरे बगल में आकर वो बैठ गया

मुझसे उसने पूछा मैं क्यों उड़ा
क्या मैं अपने पिंजरे से उड़ा?

23. बादल में देखा मैंने अपनी माँ को

बादल में देखा मैंने अपनी माँ को
शाम को थकी हुई घर आते हुए
झोले को फटा पाते
मैंने खुद को देखा
मेरी माँ ने देखा मुझे झोला देखते हुए
और मुस्कुराई
मुझे मुस्कुराता देखते हुए
झोले के अंदर देखे मैंने दो समोसे
एक दीदी के लिए
एक अपने लिए
मैंने माँ से नहीं पूछा कि उसने क्या खाया
मैंने दोपहर में देखा था बादल में
माँ को भूखा रहते हुए
हम बच्चे अपनी माँ के साहस पर,
भर जाते हैं दुःख से
पर वो साहस से ही भरी रहती है

24. हवा छू जाती है

हवा छू जाती है
नदी किनारे, मेरे मन में
एक बात है दबी हुई
उसको सहलाती है
मेरी आँखें नम हैं
आसमान से एक चिड़िया मेरी तरफ देखती है
आँखों में उसके नमी है
पहाड़ों पर बर्फ गिर रही है
धीमे धीमे
फिर तेज़
मेरी मन की बातें कहती है
मेरा शरीर जर्जर है
मेरे प्राण नदी से बहते हैं
मेरे मन में
पास की दूसरी नदी
नदी से मिलने आती है
दोनों नदी की मछलियाँ
आपस में बात करती हैं
मेरी
मेरे मन की
बातें जो मैं खुद से करता हूँ
मेरे मन में दोनों नदियां मिल लेती हैं
और मिलकर एक हो जाती हैं

25. जंगल का पेड़

मेरी कल्पनाएं कल्पनाएं नहीं
मेरी कल्पनाएं एकदम सच हैं
एक पेड़ जो पास के जंगल से निकलकर
चल पड़ा शहर की तरफ
और आकर मेरे घर के सामने बैठ गया
दुखी होकर
अपनी खिड़की से उसकी तरफ देखकर
मैंने हाथ हिलाया
और वो मेरे घर चला आया
मैंने मिलाया उसे अपने घर के अमरुद के पेड़ से
अमरुद के पेड़ को उसने पालतू अमरुद कहा
हम दोनों बैठे रहे बरामदे में धूप सेकते
रात को मैंने छोड़ा उसे अपने घर के गेट पे
और पाया कि मैं भी जंगल का पेड़ हूँ

26. कविता के सभी शब्द एक शब्द में घुस गए हैं

कविता के सभी शब्द एक शब्द में घुस गए हैं
कल से बंद करके रखी थी संदूक में ये कविता
आज सुबह से लगा हूँ कविता के शब्दों को अलग करने
कविता में एक शब्द बेसब्री भी था
एक शब्द था हार
एक शब्द था बस
मैंने कागज़ पर लिखा एक हाथी
और बाँध दी रस्सी एक तरफ
और फिर लाया मैं डायनासोर
उसने लगा दिया अपना सारा ज़ोर
पर कविता नहीं खुली
मेरी कविता के सभी शब्द एक शब्द में घुस गए हैं
और कविता कहती है मैं कई कविता हूँ
एक शब्द नहीं

27. एक अच्छी घटना घटने में

एक अच्छी घटना घटने में साल बीत जाते हैं
होते हुए, साल बदलने लगते हैं
मैं पूरे साल खड़ा था
दरवाज़ा खोलकर
तुम्हारी राह देखता
तुम हर पल घट सकते थे
मुझे
अच्छी घटना घटने की मुझे
परिभाषा बदलनी पड़ेगी

28. मैं जागता हूँ अपनी ऑफिस की टेबल पर

मैं जागता हूँ अपनी ऑफिस की टेबल पर
और देखता हूँ मेरे चारों तरफ फाइलें उग आयीं हैं
उग आये हैं कंप्यूटर और प्रिंटर
मैं अपने कमरे से निकलकर भागता हूँ और गिरता हूँ उगे हुए सोफे में
लड़कर
मैं उठता हूँ
और अपने उगे हुए शरीर को
साफ़ करता हूँ
जिस पर
गिरने से
सैलरी लग गयी है

29. शांति

कभी कागज़ पर एक शब्द नही उतरता
मेरे मन में शान्ति है
शांति है खंडहरों में मेरे मन जैसी
सागर के किनारे खड़ा हूँ मैं
सागर जैसी शांति है
सागर का पानी, सागर जैसी
सूरज उगने को है
बरसात रुक नही रही
बरसात जैसी शांति
कोई बात नही जैसे
कोई बात नही जैसी शान्ति

30. सफलता का रास्ता सीधी चढ़ाई है

सफलता का रास्ता सीधी चढ़ाई है
और विफलता एक धीमी ढलान
मैं गिरा विफलता की ढलान पर
लोग इकट्ठे हुए मुझे उठाने को
मैं भी इकठ्ठा हुआ अपने लिए ?
फिर चढ़ा सफलता की सीधी चढ़ाई
मैं गिरा नही फिर भी
अपने आपको वापस
ढलान पर ही पाया

31. अपने पुराने घर की बालकनी पर

अपने पुराने घर की बालकनी पर
खड़े होकर मैंने अपने तोते का पिंजरा खोल दिया
और तोते से कहा निकल जा
तोता पिंजरे में ही बैठा रहा
मैंने पिंजरे में हाथ डाला और तोते को निकालकर रख दिया
बालकनी की रेलिंग पर
तोता उड़कर घर के भीतर चला गया
मेरे घर के अंदर बने तालाब के किनारे बने पेड़ पर
बैठा रहा वो शाम तक
शाम को वापस मैंने उसको पिंजरे के अंदर रख दिया
और फिर रातभर तालाब में पैर डालकर
घर की छत पर टंगे तारे देखता रहा

32. मैं कौन हूँ

मैं चाहता हूँ
बहुत दूर से कोई गोली आये
और मेरे हृदय को भेद जाए
वो पल हो महसूस कि मैं कौन हूँ
शायद मुझे उस पल ही समझ आये
मेरे शरीर से खून गिरे
मेरे हाथ भी गिर जाएँ
मैं गिर पड़ूँ पड़ी धरती पर
और मेरे प्राण निकल जाएँ
वो पल हो महसूस कि मैं कौन हूँ
शायद मुझे उस पल ही समझ आये

33. मैं बोलता हूँ

मैं बोलता हूँ
पर मेरी आवाज़ खामोशी की है
इसलिए मैं कलम हाथ में लेता हूँ
और लिखता जाता हूँ
और हर वाक्य के अंत में लिखता हूँ मैं
खुद को
जब तुम मेरे साथ थीं
अपने जमे हुए पैरों से मैं भागता हूँ
और सड़क के दोनों ओर बैठे कबूतर उड़ जाते हैं

34. इस संसार का दुःख

इस संसार का दुःख बड़ा दुःख है
दुःख है मुझमें मेरे जैसा
अवसाद
तनाव
अकेला मैं
खोया अतीत में
समेटता खुद को
मुझे मैं दिखता नहीं
सारा आकाश
मुझे खुद में
जकड़े है और
मैं भाग रहा हूँ
एक मरुस्थल से
समंदर की तरफ
पर सुकून कहाँ है

35. आगे बढ़ते जाना

आगे बढ़ते जाना
और चलते जाना कहीं
से कहीं तक
मेरा विद्यालय घर से दूर था
मेरा कॉलेज और भी दूर
मेरी नौकरी दूर थी
मेरा घर छोटा था
मेरे पैरों से
कि एक पैर घर के दरवाज़े से निकलता नहीं
मेरा छूटना, छूट जाने जैसा नहीं
सब कुछ पा लेना
और पाकर हार जाना
न पाने में अंतर नहीं
सब कुछ छूट जाना, छूट जाने से
मेरा पैर फँसा है
अभी भी
घर के दरवाज़े में
मेरी नौकरी दूर है
और सूरज रोज़ निकलता है
मैं बैठा रहता हूँ अपने घर की दहलीज़ पर
चाँद को देखते हुए
जो कई रात से नहीं निकला

36. मेरा जीवन मुझसे बहुत अधिक है

मेरे घर का झोला मैं
दिन भर घर से बाहर रहकर घंटों पैसे बटोर रहा हूँ
जो आसमान से गिर रहें हैं अनंत काल से
और घर आकर मैं खुद को झटकारता हूँ और उस झोले से मैं ही नहीं
निकल पाता
मैं रात में लिख देता हूँ एक साथ एक उपन्यास
और डूब जाता हूँ उसके तीसरे भाग में रचे तालाब के अंदर
एक बिजली कौंधती है
और तालाब में मुझे दिखाई देती है परछाई
मैं अंततः झोला नहीं हूँ
मेरे चौबीस घंटे का काम मुझसे बहुत कम है
और मेरा जीवन मुझसे बहुत अधिक है

37. मेरा आसमान और तुम्हारा आसमान

मेरा आसमान और तुम्हारा आसमान
अलग अलग है
मैं बैठा हूँ आम के पेड़ की डंगाल पर
तुम्हारा आम का पेड़ अलग है
मैं पीता हूँ जहाँ पानी वो भी अलग
मेरी हवा तुमसे
मेरे हिस्से की रोटी
मेरी उड़ान है तुमसे अलग
मेरा सारा संसार
जैसे तुम्हारा
मेरा समय
जैसे तुम्हारा
मेरा जीवन
जैसे तुम्हारा

38. मेरी आँखें मुझ पर

सड़क पर चलते हुए मेरे ऊपर से एक पूरी रेलगाड़ी निकल गयी
और मैं उसको आकाश में उड़ता देखता रहा
सड़क पर खड़े होकर मैंने रेलगाड़ी के साथ पक्षी को उड़ते देता
और साइकिल वाले ने मुझे टक्कर मार दी
साइकिल वाले की गाली मुझे नहीं लगी
मैंने उसे पलटकर गाली नहीं दी
मेरा समाज
मेरी सारी आकांक्षाएं मेरे खुद के अंदर थीं
और मेरी सारी कोशिश अपने समाज के विवाद को कम करने की है
पक्षी की आँखें अभी भी मुझ पर लगी हैं
जैसे मेरी आँखें मुझ पर लगी हैं

39. मेरा शुरू और अंत एक ही जगह पर है

मेरा शुरू और अंत एक ही जगह पर है
फिर भी दिन भर घटता रहता हूँ मैं
मेरी नौकरी अपने घर से निकलकर
फाटक के पास बने पेड़
और उसके नीचे बने मंदिर तक जाने की है
पेड़ के नीचे बैठे आदमी को
वहां से उठाने की है
जो अनंतकाल से उसके नीचे बैठा है।
मेरी नौकरी केवल उसको समझाने की है राज़
जो मैंने बंद किये थे
उसकी ही मुट्ठी में
मैं उसकी मुट्ठी खोलता
और एक राज़ उसे सुनाता हूँ
पीपल के पेड़ की पत्ती
उसके सर पर आकर गिर जाती है
तो उसे हटा देता हूँ
मेरी नौकरी शायद
पीपल की पत्ती
उसके सर से हटाने की है
और कई महीनों से
मेरी सैलरी नहीं आयी है

40. जब घर से निकला था

जब घर से निकला था
तो घर के दरवाज़े से नहीं
बल्कि दीवारों से निकला था
और मेरे निकलने से मेरे पीछे
घर की दीवार में एक सुराख छूट गया था
जिसे दिन भर मेरे माँ बाऊजी देखते रहते हैं
हर बार छुट्टियों पर जाकर दो चार दिन
वही सुराख भरने की कोशिश करता हूँ
उस सुराख से घर काफी कमज़ोर हो गया है

41. बड़ी रात आये

आसमान का एक तारा टूटता है
और मेरे घर पर आ गिरता है
मेरे घर वो तारा मेहमान हुआ
बड़ी रात आये
माँ ने सोचा अब फिर दोबारा खाना बनाये
पिता ने सोचा अपने दस बाई दस फुट के घर में एक बिस्तर और
लगाए
मैंने सोचा तारे के साथ बाहर कुछ खेल आऊं
पर कम्बख्त
बड़ी रात आये

42. एक तारा जो अलग हुआ

एक तारा जो अलग हुआ जैसे
मैं अलग हुआ अपने घर से
मेरे घर में नौकरी अलग हुई
और वही नौकरी लेकर मैं
बीते हुए शहर में हूँ
बीता हुआ शहर न जाने कबसे
मेरे पैर की हवाई चप्पल बन गयी है जूता
और मेरा सारा घर बार सड़क पर यात्रा है
और नौकरी पड़ी है
जो हम कर नहीं रहे
बस हुई जा रही है

43. हड़बड़ी

मेरे अंदर जैसा मैं महसूस करता हूँ
जैसे भाग रहा हूँ खुद के अंदर
खुद को बचाने वाला खुद मैं
खुद को बिगाड़ता चला जा रहा हूँ
मेरा मुझको समझ पाने का परिणाम क्या हुआ है कि
मैं फिसलता जा रहा हूँ
हिमालय की चोटी से
मरियना ट्रैंच की विशाल गहराइयों में
लगातार बिना देर किये
एक हड़बड़ी में

44. सड़क पर चलते हुए भीड़ में

सड़क पर चलते हुए भीड़ में
हमेशा लगता है कि
इस आदमी को मैं जानता हूँ
मैं दो कदम आगे बढ़ता हूँ
उसकी तरफ
तभी दूसरी तरफ खड़ा व्यक्ति
मुझे लगता है
अपने जैसा
मैं उस तरफ आगे नहीं बढ़ता
उस अजनबी की तरफ
जिसे आज तक नहीं देखा
मैं आगे चलता हूँ
उसके हाथ में एक फूल है
और वो किसी को ढूंढता है
उसके पास पहुंचते ही
वो आदमी मुझसे पूछता है
कि मुझे इतनी देर कहाँ लग गयी
वो मुझे फूल दे देता है
और मैं उसके साथ चल देता हूँ
मुझे लगता है
उस फूल को मैं जानता हूँ
उस आदमी को नहीं
मेरे कदम आगे चलते हैं
और रास्ते पर पड़े

उसी तरह के फूल को
कुचलते जाते हैं
मुझे आगे जाने का मन नहीं
तो मैं पीछे मुड़ जाता हूँ
और तेज़ी से भागता हूँ
उस फूल को हाथ में लिए
मैं ऊंचा उठाता हूँ
और एक तितली
उस पर आकर बैठ जाती है
वो बताती है कि जहाँ मैं खड़ा हूँ
कभी वहां एक पेड़ था
और उस पेड़ पर इसी जगह
वही फूल लगा था कभी
मैं भी एक पेड़ था
और ऐसे ही खड़ा
तभी मेरे ऊपर
एक चिड़िया आकर बैठ जाती है
मेरे कन्धों पर
एक घोसला उग आता है
और अब मेरे पैर काम नहीं करते
आसमान के तारे मुझे पुकारते हैं
पर मेरे पास उनसे कहने के लिए कुछ नहीं है

45. मैं जब तक मैं नहीं हुआ

मैं जब तक मैं नहीं हुआ
तब तक मैंने किसी को
अपना नाम नहीं बताया
मैं कल तक नहीं हुआ था
आज शाम की बात है
जब मैंने एक पक्षी को
आसमान में उड़ते देखा
एक नदी को पैरों से छुआ
एक पत्थर के ठंडेपन को महसूस किया
एक नयी कविता का सृजन किया
एक जानवर के कहे को दोहराया
और आखिरी बार
जब अपना मनपसंद फल खाया
जी भर के अपनी ज़िन्दगी को सोचा
और अंततः जब खुलकर मैं रोया
तब तक मैंने किसी से अपना नाम नहीं बताया
जीवन के रास्ते में जब खुलकर मैं चलता हूँ
तब हमेशा कहीं दूर ही देख रहा होता हूँ

46. जब भी मैं लिखने बैठता हूँ

जब भी मैं लिखने बैठता हूँ
पूरा नहीं लिख पाता
लिखना चाहता हूँ ये पूरी दुनिया
शुरू से लेकर अंत तक
जब मैं नहीं था, न होऊंगा
लिखना चाहता हूँ सारे तारों का उदय
और उनका अस्त होना
मैं खड़ा हूँ ब्रम्हाण्ड के अंत पर
और सारी सृष्टि मेरी कलम में भरी है
कागज़ पर बहने के लिए नदियों की तरह
मैं बैठा हूँ संसार के शुरू होते ही
इसकी कहानी को पलट कर देखने के लिए
मेरा मन मेरे सामने है
मेरा संसार और मैं अलग हैं
मेरी कलम एक चिड़िया की चोंच में है
और वो उड़ी जा रही आसमान को
फाड़ते हुए उसकी नोक से
और सारे सूरज मुझपर गिरते जा रहे हैं

47. मैं आसमान की तरफ देखता हूँ

मैं आसमान की तरफ देखता हूँ
मैं आसमान हो गया हूँ
मुझमें तारे समा गए हैं
समा गए हैं बादल, उड़ती हुई चिड़ियाँ
जो पेड़ पर बैठी चिड़ियाँ को
मुझमें उड़ने का न्यौता देती है
मुझे भेदती है पहाड़ों की चोटियां
मुझमें समाता है नदियों का पानी
दूर खड़े पशु जब मुझे देखते हैं
मुझमें दिखाई देता है उन्हें समंदर
मैं उनको पकड़ने के लिए अपने हाथ बढ़ाता हूँ
पर वो बहुत दूर भाग जाते हैं
मुझे मुझमें
समाना है बहुत सारा सुख
और ठीक उतना ही दुःख

48. मेरे भाई का घर

मेरे भाई का घर मेरे घर से कुछ दूर है
मेरे घर से मेरे भाई
मैं अपने घर पर अपना सर रख देता हूँ
और पैर फैला लेता हूँ
अपने भाई के घर तक
मेरे भाई मेरे पैरों पर बैठ कर अपने मन की बात कर लेते हैं
और मैं अपने सर की बात करता हूँ
मेरे घर के सामने से एक सड़क जाती है जिसपर कोई नहीं आता जाता
मेरे घर के पास की नदी मेरे भाई के घर चली जाती है
मेरे जीवन का फैलाव मेरे घर से मेरे भाई के घर तक है
मेरे पैरों पर बारिश होती है
और सर सूखा रह जाता है

49. कनेर का पेड़

मेरे घर के पास के स्कूल में
कनेर का एक पेड़ था
जो थोड़ा बाहर
और ज़्यादातर अंदर रहता था
उसके बाहर और अंदर
जब स्कूल का गेट बंद होता तो लोग
उसके फूल बाहर बाहर से तोड़ लेते थे
पर जब स्कूल का गेट खुला होता
तो लोग स्कूल के अंदर घुसकर सारे फूल तोड़ लेते थे
स्कूल के अंदर बच्चे खेलते रहते थे
पर फूल कभी नहीं तोड़ते थे
मैं अपनी घर की बालकनी से आधा झुककर
कनेर के उस पेड़ को देखता रहता था
मैंने अपने घर में भी
कनेर का एक पेड़ लगा लिया है

50. उदासी मेरा स्वभाव है

उदासी मेरा स्वभाव है
मैं चला जा रहा
पेड़ से पेड़ पर उछलता हुआ
धरती मेरी हुई नही
पेड़ हुए
पेड़ भी नही जमे थे
धरती पर, पर आकाश में धरती छूती
उसकी हरियाली
मैं उदास बैठा पेड़ के ऊपर या नीचे
देखता आकाश में पानी परछाई
सांस लेता हूँ तो सांस आती है

51. आम इच्छाएं

मेरी सभी इच्छाएं आम इच्छाएं हैं
घर के बाहर आम का पेड़ है
उसके दो आम तोड़ लेना
पास के करौंदे के पेड़ के
करौंदों की चटनी बना लेना
थोड़ी देर घर से बाहर और
थोड़ी देर घर के अंदर टहल लेना
मैं चाहता हूँ शाम को किसी से बात कर लेना
एक पेड़ के पास खड़े हो जाना

मेरी सभी इच्छाएं आम इच्छाएं हैं
मैं चाहता हूँ अपने घर में दो वक़्त का अनाज

52. टूटते तारे

शाम जब छत पर गया
तो देखा
मेरे आसपास के सारे मकान
ढह गए हैं
मैं छत पर लेट गया
तारों को देखते
मैंने देखा एक एक करके
सारे तारे टूटने लगे हैं
अंत में बस एक तारा
बचा था आसमान में

53. मेरा कल और आज

हमारे गाँव में पहली सूरज की किरण
हमारे घर पर पड़ती थी
बाकी सूरजो की पहली किरण
किसी और के घर पर
कल रात काली थी
उस काली रात का पहला चाँद
मेरे घर के लिए निकला था
आसमान का पहला तारा
मेरे घर का तारा था
मेरा घर इस संसार का सबसे पहला घर है
मेरे घर का पहला गमला
और गमले में लगा पौधा
उसकी पहली पत्ती निकली थी कल सुबह
कल ही बारिश की पहली बूँद गिरी थी उस पर
निकला ऐसे ही उसका पहला फूल
कल ही आ गयी थी
पहली तितली और पहली मधुमक्खी
पहला फल उस पेड़ का कल ही निकला था
कल ही आये थे मेरे घर
मेहमान उसे देखने
कल ही पहली चाय पीते हुए
उन्होंने पहली बार उसे छुआ
आसमान का पहला तारा भी कल ही
पहली बार टूटा था

पहली बार पहली चिड़िया ने उस पर बैठकर अपनी
सबसे पहली सहेली को बुलाया था
कल का दिन मेरे पौधे का
पहला दिन था
और आज वो पेड़ बन गया है
और मेरे लिए कल से आज तक कुछ भी नहीं बदला

www.ingramcontent.com/pod-product-compliance
Lightning Source LLC
Chambersburg PA
CBHW070646240926
51846CB00003BA/801
* 9 7 8 9 3 7 5 2 7 7 9 2 7 *